Sylvia Brandis
Katharina Lausche

Pony, Pony

Kleiner Ratgeber
für Tierfreunde

rororo
Rowohlt

rororo rotfuchs
Herausgegeben von Ute Blaich
und Renate Boldt

Veröffentlicht im Rowohlt Taschenbuch Verlag GmbH,
Reinbek bei Hamburg, September 1997
Die Kapitel der vorliegenden Ausgabe wurden
dem rotfuchs Band «Mein Pony» entnommen

Redaktion Ute Blaich
Umschlaggestaltung Beate Becker / Barbara Hanke
Umschlagillustration Katharina Lausche
Satz aus der Sabon, PostScript (QuarkXPress)
Gesamtherstellung Clausen & Bosse, Leck
Printed in Germany
250-ISBN 3 499 20912 8

Die Schreibweise entspricht den Regeln
der neuen Rechtschreibung.

Inhalt

Ein Pony für dich

Herzlichen Glückwunsch! Du bekommst ein eigenes Pony. Einen Teil des Kaufpreises hast du bestimmt selbst zusammengespart. Den Rest bezahlen deine Eltern, Großeltern oder vielleicht ein netter, großzügiger Onkel.

Was kostet ein gutes Kinderpony?

Das ist schwer zu beantworten. Der Preis richtet sich nach Alter, Rasse, Papieren und Ausbildung. Außerdem spielt es eine Rolle, wo du dein Pony kaufst.
Es gibt billige und teurere Pferdehändler. Die billigen sind meistens keine guten Adressen. Sie können nur deshalb so billig

sein, weil ihre Ponys und Pferde irgendwelche Mängel haben. Meistens sieht man die auf den ersten Blick gar nicht. Die guten (und teureren) Pferdehändler handeln fast immer mit großen Sportpferden. Aber sie nehmen manchmal auch Ponys in Zahlung. Mit Glück findet man dort ein schönes und gut ausgebildetes Pony zu einem vernünftigen Preis.

Züchter oder Händler

Beim Züchter ist ein Pony meistens teurer als beim Pferdehändler. Das muss so sein. Ponyzucht ist nämlich ein kostspieliges Hobby. Das kostet fast immer mehr Geld, als man daran verdienen kann. Aber der Züchter kennt seine Ponys dann auch vom ersten Lebenstag an. Er kann dir ganz genau sagen, welche Eigenarten oder Empfindlichkeiten sie haben, kennt Eltern

und Geschwister der Tiere. Der etwas höhere Kaufpreis lohnt sich also meistens. Ab etwa 600 DM kann man ein Ponyfohlen ohne Papiere (Abstammungsnachweis) kaufen. Einen gut gerittenen Isländer bekommt man dagegen kaum unter 20000 DM. Pferdepreise sind immer Liebhaberpreise. Niemand kann todsicher sagen, was ein Pferd tatsächlich wert ist. Es gibt dafür keine Listen.
Ein Sprichwort sagt: «Ein Pferd ist immer so viel wert, wie ein Narr bereit ist, dafür auszugeben.»

Unterhalt

Viel, viel teurer als der Kaufpreis ist aber der Unterhalt deines Ponys. Auf die Dauer seiner Lebenszeit berechnet!
Wenn du keinen eigenen Stall zu Hause hast, musst du dein Pony in Pension ge-

ben. Das ist in der Großstadt natürlich teurer als auf dem Land. Durchschnittlich musst du mit 300 DM im Monat rechnen.
Der Hufschmied muss etwa alle zwei Monate kommen. Das Ausschneiden der vier Hufe kostet etwa 35 DM. Dein Pony muss gegen Tetanus geimpft werden und sollte viermal im Jahr eine Wurmkur bekommen. Das kostet jedes Mal 20 DM.
Natürlich musst du dein Pony haftpflichtversichern. (Etwa 170 DM pro Jahr.)
Wenn keine größeren Tierarztkosten anfallen, kostet dein Pony jedes Jahr also 4080 DM. Bei einer Lebensdauer von zwanzig Jahren sind das 81 600 DM.
Was dein Pony aber vor allem braucht, ist Zeit. Deine Zeit. Täglich mindestens zwei Stunden. Eine Stunde für das Reiten. Die zweite für Pflegen, Putzen und Satteln.

Fünf Rassen zum Kennenlernen

Schotten

Die kleinsten Ponys kommen aus Schottland. In ihrer Heimat, den Shetlandinseln, herrscht ein raues Klima. Es regnet und stürmt das ganze Jahr über. Es wachsen nur karge, spärliche Pflanzen auf den Inseln, und es gibt fast keine Bäume.
Dort also entstand eine besonders harte, widerstandsfähige Ponyrasse. Weil sie so klein sind, kommen die Shettys mit sehr wenig Nahrung aus. Ihr dickes Fell trotzt Wind und Wetter. Sie sind nicht anfällig für Krankheiten und werden sehr alt. 30 Jahre sind kein außergewöhnliches Shetty-Alter.

Gutmütig und kinderlieb

Shettys können ein bisschen dickköpfig sein, in der Regel sind sie aber gutmütig, kinderlieb und ganz besonders gewitzt. Viel klüger als fast alle Großpferde. Wenn Shettys sich vernachlässigt fühlen, setzen sie sich auf eigene Art durch. Sie können zu richtigen Ausbrecherkönigen werden. Kein Weidezaun kann sie dann halten, kein Stalltürriegel ist vor ihnen mehr sicher.

Wenn Shettys und Großpferde zusammen die Weide teilen, sind fast immer die Chefs Shettys. Je kleiner, desto frecher und respektloser.

Die kleinsten unter den Ponys sind außerordentlich stark. Für ein Shetty wäre es kein Problem, einen Zweizentnermann auf dem Rücken zu tragen. Die Schwierigkeiten hätte eher der Reiter. Er wüsste nicht, wohin mit seinen Beinen. Hier liegt

der einzige Nachteil der witzigen Shettys als Kinderponys: Sie sind klein. Bei einem Stockmaß von 1 m bis 1,20 m ist jedes Kind aus einem Shetty sehr schnell «herausgewachsen».
Deshalb haben sich bei uns auch die größeren Reitponyrassen immer mehr durchgesetzt.

Engländer

Die besten Reitponys kommen aus England oder haben englische Vorfahren. Südengland mit seinen ausgedehnten Moor- und Heidelandschaften ist die Heimat der Exmoor-, Dartmoor- und New-Forest-Ponys.

Exmoor

Die Exmoorponys sehen den wilden Vorfahren der Ponys am ähnlichsten: immer braun, ein etwas raues Fell und nicht so hoch gezüchtet.

Dartmoor

Viel mehr «in Mode» sind die etwas kleineren, wesentlich edleren und hübscheren Dartmoorponys. In England gehören sie zu den beliebtesten Kinderponys.

Dartmoorponys werden etwa 1,25 m groß. Nicht besonders groß also, aber doch bedeutend größer als ein Shetlandpony. Sie sind außerdem eleganter, nicht ganz so eigenwillig und bewegen sich leichtfüßiger.

New Forest

Die größte südenglische Rasse heißt New-Forest-Pony. Sie werden bis 1,48 m groß. Dieses Stockmaß ist in Deutschland offizielles Pony-Endmaß. Alle Ponys, die darüber hinauswachsen, gelten als Kleinpferde. So sehen sie auch aus: wie Reitpferde im Kleinformat. Ihr Körperbau entspricht dem eines Großpferdes. Die Gesichter sind edel, das Fell ist fein. Sie haben meistens sehr schwungvolle Gangarten und sind beim Reiten feinfühlig und gelehrig.

Skandinavier

Aus Norwegen kommt eine der liebenswertesten Ponyrassen: das norwegische Fjordpferd. In Deutschland ist diese Rasse in den letzten Jahren etwas aus der Mode gekommen. Viele Kinder wollen inzwischen auf Ponyturnieren starten. Und die Norweger sind keine ausgesprochene Turnierponyrasse. Im Springparcours sind ihnen die wendigen Engländer einfach überlegen.

Robust und zuverlässig

Die Norweger sind deshalb aber nicht weniger tüchtig. Im Gegenteil: Sie kommen aus der Landwirtschaft und werden von einigen Bauern auch heute noch im Wald oder bei der Feldarbeit eingesetzt.

Ein Norweger kann genauso hart arbeiten wie ein großes, schweres Arbeitspferd, kommt mit ziemlich wenig Futter aus und wird nur selten krank.

Die Norweger gehören zu den ältesten Pferderassen Europas und sind dem letzten heute noch lebenden Wildpferd, dem Przewalskipferd, ähnlich.

Wildpferdfarben

Alle Norweger sind Falben. Die Grundfarbe der Falben ist Gelb. Es gibt bräunlich gelbe und graugelbe Norweger. Diese Falbfarbe ist die ursprüngliche Wildpferdfarbe. Auch der dünne schwarze Strich

auf dem Rücken jedes echten Norwegers ist ein Erbe der Wildpferde. Man nennt das Aalstrich. Wie die Przewalski-Wildpferde haben auch die meisten Norweger eine kurze Stehmähne. Aber diese aufstehende Mähne ist nicht «echt», sondern die traditionelle Frisur der Fjordpferde: Die Mähne wird in einem leichten Bogen geschoren und steht an der längsten Stelle etwa zehn Zentimeter hoch.
Norweger haben ein besonders freundliches Gemüt. Sie lassen sich durch nichts aus der Ruhe bringen. Ihre Geduld ist grenzenlos. Ein beißender oder schlagender Norweger ist so gut wie undenkbar.

Isländer

Vor mehr als tausend Jahren besiedelten norwegische Wikinger die Insel Island und brachten ihre Pferde mit.

Die Tiere gewöhnten sich an das raue, windige und feuchte Klima der Insel. Auf Island wachsen keine Bäume, und darum gab es kein Holz, um Pferdeställe zu bauen. Die Ponys mussten also sommers und winters draußen leben. Die isländischen Winter sind lang, kalt und schneereich. Der einzige Schutz der Ponys war also ihr dichtes, warmes Winterfell.

Hart und widerstandsfähig

Diese harten, widerstandsfähigen Pferde wollte man rein erhalten. Deshalb wurde die Einfuhr anderer Pferderassen verboten. Es gibt in Europa keine andere Pferderasse, die sich seit Jahrhunderten so wenig verändert hat wie die Isländer. Ein Islandpony vor tausend Jahren sah genauso aus wie eins von heute.
Isländer sind etwas kleiner als Norweger und werden höchstens 1,36 m groß.

Trotzdem reiten viele Erwachsene Islandpferde.

Pass und Tölt

Im Allgemeinen gibt es drei Grundgangarten der Pferde: Schritt, Trab und Galopp. Die Isländer kennen zwei mehr: den Pass und den Tölt. Im Rennpass ist ein Isländer außergewöhnlich schnell. Schneller als viele Großpferde. Seine Spezialgangart aber ist der Tölt. Die Fußfolge ist dieselbe wie im Schritt. Aber im Tölt kann das Pony sogar mit einem galoppierenden Pferd Schritt halten. Es gibt keine Gangart, in der ein Reiter bequemer im Sattel sitzt. Reiter und Pony können so sehr rasch kilometerweite Entfernungen zurücklegen, ohne müde zu werden.

Islandponys sind bei uns heute sehr begehrt. Sie sind allerdings die teuersten Ponys überhaupt.

Das Deutsche Reitpony

Die deutsche Ponyzucht hat keine lange Tradition. Erst um die Jahrhundertwende kamen Ponys nach Deutschland: Shetlandponys.

Heute bildet das Deutsche Reitpony eine eigene Rasse. Seine Vorfahren kommen hauptsächlich aus England. Aber auch arabisches Blut wurde mit eingekreuzt.

Empfindliche «Leistungsponys»

Viele Deutsche Reitponys sind erfolgreiche Turnierponys. Bis auf ihr Maß sind sie den großen Turnierpferden auch sehr ähnlich.

Viele von ihnen sind leider genauso nervös, empfindlich und schwierig wie ein hoch gezüchtetes Sportpferd. Weil sie speziell für den Pony-Leistungssport gezüchtet werden, gehen typische Ponyeigenschaften manchmal verloren: Gutmütigkeit, Robustheit und Nervenstärke.

Ponykindheit

Eine Stunde alt

Seine Beine wackeln noch etwas. Sein Fell ist noch nass. Aber es steht. Das Fohlen hat endlich das Euter seiner Mutter gefunden. Es trinkt.

Die allererste Milch ist eine ganz besondere Milch. Sie enthält besondere Wirkstoffe. Die machen das Fohlen während seiner ersten Lebenszeit stark gegen Krankheiten.

Nachdem es sich gestärkt hat, probiert es seine unglaublich langen Beine aus. Gar nicht so leicht, sie unter Kontrolle zu bringen. Beim Traben verhaspeln sie sich noch. Galoppieren geht besser. Der allererste Bocksprung klappt schon ziemlich gut.

Einen Tag alt

Das Fohlen kann mit seiner galoppierenden Mutter Schritt halten. Es ist ein perfektes kleines Pferd: wendig, schnell, kein bisschen hilflos mehr. Die Laufpausen nutzt es, um jedes Mal einige kleine Schlucke Milch zu trinken. Es braucht täglich etwa 15 Liter. Du kannst dir vorstellen, wie viele Mahlzeiten das sind.
Das Ponyfohlen ist zum Laufen geboren. Und darum ist es sinnvoll, dass es seinen Magen nicht mit allzu großen Mahlzeiten belastet. Mit vollem Bauch läuft es sich nicht gut.

Drei Tage – drei Wochen – drei Monate

In diesem Alter soll man sich das Fohlen genauer ansehen, heißt eine alte Regel von Pferdekennern. Alle Ponyfohlen sind anmutig und haben Charme. Aber jetzt bekommt man eine Vorstellung davon, wie das Fohlen einmal als erwachsenes Pony aussehen wird. Entspricht sein Körperbau dem eines guten Reitponys? Welche Vorzüge hat es, welche Fehler? Das kann natürlich nur ein Fachmann beurteilen. Ein Kenner der Rasse sollte also dabei sein.

Sechs Monate alt

Das Fohlen wird von seiner Mutter getrennt. Abgesetzt, wie man sagt. Es steht also allein in seiner Box im Stall. Es wiehert aus Leibeskräften und hört von irgendwoher aus der Ferne die Stimme seiner Mutter. Sie antwortet ihm, sie ruft es. Doch sie kann nicht zu ihm.
Dann öffnet sich die Boxentür. Die Menschen schieben ein anderes schlaksiges

Fohlen in seinen Stall. Der «Neue» ist etwas schüchtern. Er verzieht sich in eine Ecke der Box.
Wenig später: Die beiden Fohlen stehen sich gegenüber. Sie beriechen einander neugierig. Immer noch wiehert die Stute von irgendwoher. Aber das Fohlen hat jetzt keine Zeit, ihr zu antworten. Es ist mit dem neuen Stallgenossen beschäftigt.

Halbstarke

Ein Jahr alt

Das Fohlen lebt in einer Gruppe junger Ponys. Sie sind zu sechst, alles junge Hengste. Alle ungefähr gleich alt. Es ist Frühsommer. Auf der Weide steht saftiges Gras. Ausgelassene Stimmung unter den jungen Pferden.

Raufen

Ab und zu kommt es zu Raufereien: nichts Ernstes. Die wichtigen Kämpfe sind längst ausgetragen. Es steht fest, wer auf der Weide das Sagen hat: ein Fuchs mit Blesse und drei weißen Beinen. Der Größte unter den sechs ist er gerade nicht, aber ungeheuer wendig und schnell. Seine Schläge sitzen; egal, ob er mit den Hinterhufen auskeilt oder mit einem der Vorderhufe trifft. Er ist überall der Erste, und er lässt sich einfach nichts gefallen. Besser, man zieht seinen Unwillen gar nicht erst auf sich.

Freunde

Das Fohlen steht oft mit seinem Freund zusammen. Im Winter haben sie sich eine Box geteilt. Es ist angenehm, etwas abseits von den anderen in der Sonne zu ste-

hen und sich gegenseitig das Fell zu kraulen. Gut, dass es sechs junge Hengste sind: eine gerade Zahl. So kann jeder einen engeren Vertrauten haben, und keiner bleibt allein.

Wachsen in Schüben

Das Fohlen ist jetzt kein Kind mehr. Es ist im Halbstarkenalter. Menschen kriegen in diesem Alter Pickel und fettige Haare. Auch das Fohlen ist jetzt keine wahre Schönheit mehr.

Es wächst in seltsamen Schüben: mal hinten und mal vorn. Meistens passen deshalb Hinterteil und Vorderteil gar nicht mehr richtig zusammen.
Der Hals ist dünn und der Kopf sieht irgendwie eine Nummer zu groß aus. Manchmal stolpert das Fohlen über die eigenen Beine.
Aber der Züchter weiß: Dieser Zustand vergeht.
Spätestens mit drei Jahren wird in dem jungen erwachsenen Pony das hübsche, anmutige drei Wochen alte Fohlen wieder zu erkennen sein …

Was du vom Hengst wissen musst

Körperbau

Quadratisches Format. Schöne, geschwungene Halsung. Tiefe Brust. Muskulös. Etwas wuchtiger, gedrungener Kopf. Selbstbewusster Ausdruck. Lebhafter Blick.

Geschlechtsreife

Mit etwa zwei bis zweieinhalb Jahren.

Wachstum

Mit fünfeinhalb bis sechs Jahren ausgewachsen.

Wesen

Stolz, selbstbewusst, frech. Energisches Auftreten. Will gern überall der Erste sein. Will gern bestimmen. Will bewundert werden: in erster Linie von Stuten.

Besonderheiten
Stark ausgeprägter Geschlechtstrieb. Ordnet sich nur jemandem unter, den er als den Stärkeren anerkennt. Benötigt konsequente Erziehung. Beim Reiten in der Gesellschaft von Stuten leicht unkonzentriert.
Für Kinder ist ein Hengst schwieriger zu führen als eine Stute.
Der Hengst ist stärker und schlauer als du. Ein Pony, das sich dir überlegen fühlt, wird auf die Dauer wahrscheinlich auch nicht gehorchen wollen.
Hengste gehören in die Hände von erfahrenen Erwachsenen.

Was du vom Wallach wissen musst

Körperbau
Hochrechteckiges Format, höher als lang. Keine ganz so ausdrucksvolle Halsung wie der Hengst, kein ganz so männliches Gesicht. Im Ganzen etwas hochbeiniger und schmalbrüstiger.
Wallach nennt man einen kastrierten Hengst, und Kastration nennt man die Operation, bei der dem Hengst die Hoden entfernt werden. Er ist dann nicht mehr zeugungsfähig.

Kastration
Möglichst nicht zu spät. Ideales Alter: etwa zehn Jahre. Bei späterer Kastration behält der Wallach zwar etwas mehr «Hengstausdruck», er bekommt einen et-

was schöner geformten Hals und ein ausdrucksvolleres Gesicht. Doch die selbstbewussten «Hengstmanieren» behält er oft ebenfalls bei. Zu spät kastrierte Hengste können manchmal fast stur und unempfindlich werden. Vorsicht vor spät kastrierten Wallachen!

Wachstum
Mit etwa sechs Jahren ausgewachsen.

Wesen
Im Allgemeinen unkompliziert. Verträglich. Daher eher jedermanns Freund. Keinen großen Stimmungsschwankungen ausgesetzt.

Oben: Typisch Hengst: tiefe Brust, mächtiger Hals, quadratische Körperform.

Rechts oben: Typisch Wallach: hochbeiniger, schmaler, weniger männlich. Hochrechteckige Körperform.

Rechts unten: Typisch Stute: etwas länger im Rücken, genügend tiefe Brust. Langrechteckige Körperform.

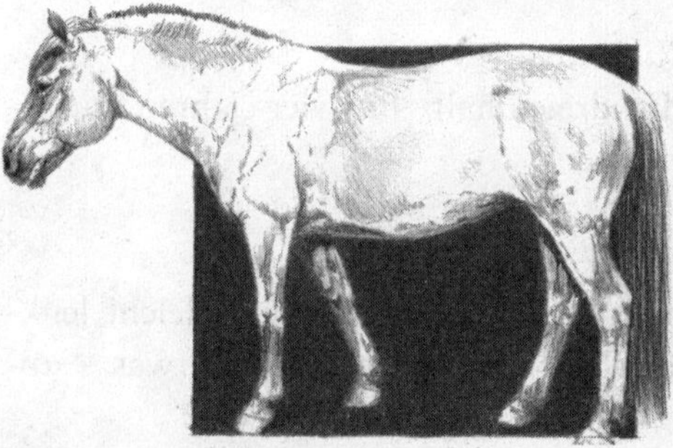

Was du von der Stute wissen musst

Körperbau
Langrechteckiges Format, länger als hoch. Etwas längerer, edler Kopf. Sanftes, ruhiges Auge.

Geschlechtsreife
Mit etwa zwei Jahren.

Wachstum
Mit dreieinhalb bis vier Jahren ausgewachsen.

Wesen
Im Allgemeinen umgänglich, leicht lenkbar. Empfindlich. Zuweilen etwas «stutig»: launisch, reizbar, kitzelig.

Besonderheiten

Wird in der warmen Jahreszeit etwa alle 21 Tage rossig. Eine Rosse, die fruchtbaren Tage einer Stute, dauert drei bis sechs Tage. Während dieser Zeit lassen sich einige Stuten nicht gern reiten. Sie sind besonders empfindlich oder verspannt.

Die Weidezeit ist vorbei

Im vierten Lebensjahr

Das Fohlen ist nun ein richtiges Pony. Noch nicht ganz erwachsen, es wächst noch. Wird noch etwas höher werden, vor allem breiter und schwerer. Es muss noch mehr Muskeln bekommen.
Sein Leben hat sich entscheidend verändert. Die Weidezeit ist vorbei. Es ist Winter und das Pony steht wieder im Züchterstall. Diesmal bewohnt es seine Box allein. Auch sein Freund hat nun eine eigene Box für sich.

Ein neues «Leittier» ist Chef

Der Fuchs mit den drei weißen Beinen ist nicht mehr da. Dafür gibt es jetzt ein neues Leittier. Auch das ist nicht allzu kräftig und nicht allzu groß. Es macht sich nur dadurch größer, dass es so gut wie immer auf seinen Hinterbeinen steht. Ziemlich gewitzt. Es sieht alles, reagiert blitzschnell, lässt sich nichts gefallen und will immer das Kommando haben. Besser, man zieht sich nicht seinen Unwillen zu und erkennt an, dass es der Chef ist. Das neue Leittier ist ein Mensch.

Dieser Leitmensch verlangt seltsame Dinge. Er setzt dem Pony ein Halfter auf den Kopf, befestigt einen Strick daran und bindet das Pony fest.

Ende der grenzenlosen Freiheit

Anfangs ist dem Pony dabei sehr unbehaglich zumute. Es ist bisher immer frei gewesen, konnte gehen, wohin es wollte. Es ist ein unabhängiges Tier, das seine Freiheit liebt. Doch der Leitmensch hat es zunächst ganz lose festgebunden. Als es sich zurückwarf, gab der Strick sofort nach. Da hat das Pony erkannt, dass alles gar nicht so gefährlich ist. Der Leitmensch hat freundlich mit ihm gesprochen. Seine singende Stimme ist dem Pony angenehm. Er ist ruhig und überhaupt nicht aufgeregt.

Das Pony hat gemerkt, dass der Leitmensch keine Angst hat. Darum hat es auch keine Angst mehr. Es vertraut ihm.

Putzen

Das Angebundenwerden ist schnell eine reine Gewohnheit. Alles wird nun sehr viel angenehmer. Der Leitmensch kommt mit Striegel und Bürsten und beginnt, das Pony zu putzen. Mit dem harten Striegel raut er in kreisenden Bewegungen das Fell auf. Staub und alte Haare lösen sich. Mit einer weicheren Bürste bürstet er es anschließend wieder glatt und glänzend. Das Pony hält ganz still. Es fühlt sich an die Weidezeit erinnert, als sein Freund ihm das Fell kraulte.
Es wird Frühjahr. Das Pony verbringt täglich mehrere Stunden auf der Hausweide. Abends im Stall legt der Leitmensch ihm manchmal vorsichtig etwas auf seinen Rücken: einen Sattel. Das Pony weiß jetzt, dass es von dem Leitmenschen nichts Böses zu befürchten hat. Auch als

er zum ersten Mal ganz vorsichtig den Gurt um seinen Bauch legt und ihn langsam festzieht, bleibt es gelassen und wehrt sich nicht.

An der Longe

Bald darauf kommt der Leitmensch mit einer langen Leine und einem sehr langen Stock. Er hakt die Leine im Kopfstück des Ponys ein und führt es hinaus auf den Sandplatz. Das Pony soll nun an der langen Leine, der Longe, im Kreis um den Menschen herumlaufen. Vor der langen Peitsche hat es Respekt. Keine Angst. Denn es weiß, dass der Mensch es damit niemals schlagen wird. Niemals. Doch es behält die Peitsche ständig im Blick. Und wenn es das Peitschenband direkt hinter sich zischen hört, läuft es lieber etwas schneller.

Das Longieren klappt linksherum besser. Rechtsherum geht das Pony nicht besonders gern im Kreis. Der Leitmensch weiß das. Er weiß auch, woran das liegt. Das Pony ist, genau wie er, ein Rechtshänder oder besser: Rechtsvorderhufer. Alle rechtshändig veranlagten Wesen haben von Natur aus einen ganz bestimmten Linksdrall. In der Tanzschule war der Leitmensch während der ersten Übungsstunden genauso ungeschickt, wenn die Drehung rechtsherum angesagt war. Rechtsherum hatte er seiner Tanzstundenflamme anfangs ziemlich oft auf die Füße getreten. Das hatte Ärger gegeben. Darum lässt er das Pony die ersten Male an der Longe freundlich und ruhig nur linksherum gehen.

Auf deinem Pony

Dann kommt der große Tag: Das Pony ist gesattelt. Der Leitmensch hat es longiert. Dann ruft er ein Kind, das schon die ganze Zeit am Rande des Platzes gestanden hat.
Er lobt das Pony. Dann hebt er das Kind hoch und legt es sehr behutsam über seinen Rücken. Das Kind wiegt nicht allzu viel. Das Pony spürt einen etwas unangenehmen Druck auf dem Rücken. Doch es steht still und wartet auf ein Kommando.
Der Leitmensch hält nun das linke Bein des Kindes fest. Und das rechte hebt das Kind sehr, sehr langsam, im Zeitlupentempo fast, über den Rücken des Ponys.
Nun sitzt es rittlings auf dem Rücken des Ponys. Leicht vornüber gebeugt, dann ist es nicht ganz so schwer. Wieder spricht der Leitmensch ruhig mit dem Pony. Auch

das Kind redet mit ihm. Es streichelt behutsam seinen Hals. Offenbar keine Gefahr.
Das Pony geht im Schritt neben dem Leitmenschen her. Das Kind sitzt im Sattel. Beim ersten Schritt ist das Pony zusammengezuckt. Das Gewicht auf dem Rücken drückt und beengt es. Doch nach einer halben Runde fühlt es sich schon etwas besser an.
Alle loben das Pony in den höchsten Tönen. Das Pony nimmt Lob und Belohnung gelassen entgegen. Es hat sich daran gewöhnt, dass man eigentümliche Dinge von ihm verlangt. Es weiß längst: Der Mensch ist ein seltsames Tier.

Das ideale Pony von Kopf bis Huf

Der Kopf

Augen

Das Auge sagt alles Wichtige über das Wesen des Ponys aus. Soll ruhig, tief und wach sein. Ein großes Auge, das die Augenhöhle vollständig ausfüllt, weist auf ein intelligentes und sensibles Pony hin. Je größer das Auge ist, desto kleiner meist der Schädel. Und je kleiner der Schädel (im Verhältnis zum gesamten Körper), desto größer ist in der Regel das Gehirn. Man sieht also: Ein großer Kopf kann nicht etwa mehr, sondern nur weniger denken.

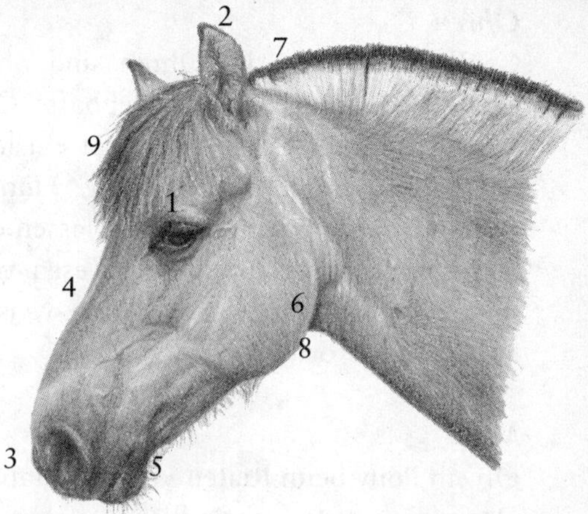

1 Auge	4 Nasenrücken	7 Genick
2 Ohr	5 Kinngrube	8 Kehle
3 Nüstern	6 Ganasche	9 Schopf

Ohren

Größe und Form der Ohren sind ohne große Bedeutung. Auf das lebhafte Ohrenspiel kommt es an: Es verrät ein lebhaftes und aufgewecktes Pony. Häufig nach vorn ausgerichtete Ohren lassen ein neugieriges und freundliches Wesen vermuten. Ständig angelegte Ohren weisen auf einen gestörten Charakter hin.

Maul

Ob ein Pony beim Reiten «gut im Maul», also weich und empfindlich, ist, kannst du ihm nicht ansehen. Du musst es beim Reiten ausprobieren. Ein Pony wird nie mit einem harten Maul geboren. Hartmäulige, sture Ponys wurden immer durch eine grob rücksichtslose Reiterhand verdorben.

Zunge

Die Zunge sollte das Pony beim Reiten auf keinen Fall aus dem Maul hängen lassen und schon gar nicht über das Gebissstück der Trense ziehen. Es entzieht sich auf diese Art jeder Einwirkung durch den Trensenzügel.

Genick

Das Genick sollte auf jeden Fall leicht beweglich sein. Ein Pony mit einem starren und festen Genick ist immer schwierig zu reiten.

Hals

Der Hals verbindet den Kopf mit Schulter und Rücken. Der ideale Hals sollte möglichst lang sein und eine schön geschwungene Oberlinie haben. Der Hals sehr vieler Ponys entspricht nicht dem Idealbild. Ponys haben oft ziemlich kurze und zu dicke Hälse. Aber das ist nur ein Schönheitsfehler, den man einem sympathischen Pony gern nachsieht.

Im besten Alter

Acht Jahre alt

Das Pony ist auf der Höhe seiner Kräfte. Es ist noch jung, aber es hat schon ein bisschen Erfahrung und ist nicht mehr so übermütig wie mit drei oder vier Jahren.

Grundausbildung

Die Grundausbildung als Reitpony hat es hinter sich, es kann

- im Schritt, Trab und Galopp auf geraden und gebogenen Linien gehen,
- aus allen drei Grundgangarten sicher und sofort anhalten,
- rechtsherum im Rechtsgalopp, linksherum im Linksgalopp sicher angaloppieren,

– in einer Gruppe mehrerer Pferde und Ponys ohne Schwierigkeiten vor, neben und hinter den anderen Ponys geritten werden,
– unter dem Reiter allein vom Hofplatz ins Gelände zu einem Ausritt gehen und sich im Gelände auch ohne die Gesellschaft anderer Pferde sicher und ruhig benehmen,
– an Autos, LKWs, Traktoren, landwirtschaftlichen Maschinen vorbeigeritten werden, ohne zu scheuen oder zu erschrecken,
– im Gelände ein kleines natürliches Hindernis überwinden, etwa einen umgefallenen Baumstamm, einen Bach,
– problemlos auf einen Pferdetransporter verladen werden.
Die Tochter des Züchters hat dem Pony das alles liebevoll beigebracht. Sie hat sich jeden Tag mit ihm beschäftigt. Zweimal

in der Woche hat sie mit dem Pony am Reitunterricht teilgenommen. Diese Ponygruppe bestand aus sechs Ponys und sechs Kindern: fünf Mädchen und einem Jungen. Als ihr Vater sie zum ersten Mal auf den Rücken des Ponys gehoben hatte, war sie neun. Nun ist sie vierzehn. Sie hat ein Pony, das fast alles kennt, vieles kann und Vertrauen zu ihr hat. Von einem solchen Pony hatte sie lange geträumt.

Wenn du mal 14 bist …

Nun hat sie andere Träume. Sie reitet das Pony nicht mehr jeden Tag. Es steht auf der Weide und manchmal vergisst sie es ein paar Tage lang. Übrigens geht das nicht ihr allein so. Die meisten Mädchen aus der Pony-Reitgruppe reiten nun nicht mehr. Die Gruppe hat sich aufgelöst. Wenn du mal 14 bist, wirst du deinem

Pony hoffentlich treu bleiben! Der einzige Junge allerdings ist nach wie vor eisern. Er ist in der letzten Zeit so gewachsen, dass er mit seinen langen Beinen gar nicht mehr richtig auf sein Pony passt. Er wünscht sich jetzt ein größeres Pferd. Was die Mädchen augenblicklich so viel wichtiger finden als Ponys und Reiten, kann er eigentlich nicht verstehen. Die Mädchen interessieren sich jetzt einfach mehr für Jungen.

Das ideale Pony von Kopf bis Huf

Die Vorhand

Die Vorderbeine deines Ponys tragen den größten Teil seines Gewichts. Das liegt daran, dass das gesamte Körpergewicht des Ponys durch den schweren Kopf und Hals etwas ungleich verteilt ist: auf Vorder- und Hinterbeine etwa im Verhältnis 6:5. Wiegt dein Pony 330 kg, so tragen die Vorderbeine davon 180 kg, die Hinterbeine aber nur 150 kg.

Schulter und Widerrist

Die Schulter sollte möglichst lang und schräg sein. Schulter und Widerrist sind dafür verantwortlich, dass der Sattel gut auf dem Rücken des Ponys liegt und nicht nach vorne rutscht. Am Widerrist geht der Hals in den Rücken über. Die ersten Rückenwirbel haben besonders lange Dornfortsätze. Durch sie kommt die leichte Erhöhung des Widerrists zustande. Am Widerrist wird dein Pony gemessen. Alle Größenangaben geben die Widerristhöhe an. Das Stockmaß misst man mit einem Zollstock. Das Bandmaß mit einem Meterband.

Vorderfußwurzelgelenk
Es besteht aus sieben kleinen Knochen. Es entspricht deinem Handgelenk. Es sollte möglichst groß und kräftig sein. Je stabiler es ist, desto besser hält es alle Beanspruchungen aus.

Röhrbein
Es besteht nur aus Knochen, Sehnen und Bändern. Die Knochenhaut ist hier

nicht von Muskeln geschützt. Darum äußerst schmerzempfindlich. (Vergleichbar mit der Schmerzempfindlichkeit deines Schienbeins.) Kannst du Überbeine (kleine Knochenauftreibungen) am Röhrbeinknochen fühlen oder sogar sehen? Sie rühren von alten Verletzungen her und sind meistens nur Schönheitsfehler.

Zehe

entspricht deinem Mittelfinger. Auf dem läuft das Pony.

Huf

ist eines der wichtigsten Körperteile. Auf ihm soll das Pony laufen. Der Huf sollte nicht zu klein und vor allem nicht zu schmal sein. Lieber eine Schuhnummer zu groß. Nichts ist hinderlicher beim Laufen oder Wandern als zu enge Schuhe!

Fessel
ist entscheidend für die Gangarten des Ponys. Sie sollte nicht zu kurz sein und vor allem nicht zu steil. Dann kann sie jeden Tritt des Ponys elastisch abfedern. Das sieht nicht nur schöner aus, sondern schont auch die Gelenke. Etwa wie ein Stoßdämpfer. Und auf einem elastischen Pony sitzt es sich natürlich sehr angenehm.

Handschlag

IDEALES KINDERPONY:
8-jähr. brauner Wallach,
1,40 Stockm., gut geritten,
100 % geländesicher, schmiede- und verladefromm, aus Zeitmangel in gute Hände zu verkaufen.
Preis: Verhandlungssache.
Tel.: 1234567

Diese Anzeige steht im «Tiermarkt» der Landeszeitung. Du suchst nun schon seit längerer Zeit nach einem Pony. Das ist gar nicht so einfach. Denn gute Reitponys sind knapp. Dieses «ideale Kinderpony» sollte man sich ansehen.
Deine Eltern sind etwas unsicher. Sie verstehen nichts von Ponys. Aber es gibt da

einen Nachbarn. Als ihr die ersten Ponys angesehen habt, hat er sich angeboten mitzukommen. Ganz uneigennützig, um euch zu beraten. Denn euer Nachbar ist ein großer «Pferdekenner». Zumindest hält er sich dafür.

Falscher «Pferdekenner»

Er hat sich immer breitbeinig zuerst vor, dann hinter dem betreffenden Pony aufgestellt. Dann hat er lautstark sein Urteil verkündet:
«Das Hinterbein ist schlecht gewinkelt.»
«Vorn steht das Pony nicht korrekt.»
«Es hält den Schweif schief.»
«Die Ohren sind zu lang.»
Dir war das sehr peinlich. Und die Verkäufer der Ponys haben nicht mehr viel zu euch gesagt. Nur einer hat ganz wütend vor sich hin gebrummelt: «Keine Ah-

nung, der Kerl! Nichts weiter als ein Fehlerkucker.»
Dein Vater schlägt vor, den Reitlehrer eures Reitvereins als Berater mitzunehmen. Doch es ist Wochenende. Und da ist der Reitlehrer, wie fast immer, auf einem Turnier.

Nichts ist umsonst

Zu eurem Glück: Denn Reitlehrer sind selten gute Ratgeber in Sachen Pferdekauf. Das hängt mit einem ungeschriebenen Gesetz des Pferdehandels zusammen: Das Urteil eines Reitlehrers über ein zum Verkauf stehendes Pferd oder Pony richtet sich immer nach der Höhe seiner Provision. Das heißt, er bekommt einen Teil des Kaufgeldes. Er ist also keinesfalls unparteiisch. Die Provision kassiert er hinter dem Rücken des ahnungslosen Käu-

fers. Der Verkäufer schlägt sie auf den Kaufpreis auf, was soll er anderes machen? Der «neutrale» Sachverständige setzt ihn in der Regel unter Druck: «Das Pony ist gut. Doch wenn ich das auch sagen soll, so kostet das seinen Preis.»
Die meisten Reitlehrer «begnügen» sich mit zehn Prozent vom Kaufpreis. Wie gut, dass dir da gerade noch rechtzeitig dein Großvater einfällt. Er hat früher auch Pferde gehabt. In der Landwirtschaft. Das ist zwar lange her. Aber wie ein brauchbares Pferd sich verhält, das weiß dein Großvater auch heute noch.

Besichtigung im Stall

Ihr habt euch telefonisch angemeldet. Der Verkäufer erwartet euch im Stall. Er entschuldigt sich, dass das Pony noch nicht geputzt ist. Umso besser: Das machst du

viel lieber selbst. Dabei kannst du das Verhalten des Ponys im Stall nämlich beobachten:
Reagiert es freundlich, wenn du seine Box betrittst, oder wendet es dir drohend sein Hinterteil zu?
Lässt es sich anbinden?
Hebt es problemlos alle vier Beine zum Hufauskratzen hoch?
Ist es besonders kitzelig?
Lässt es sich gut auftrensen und satteln?
Du fragst, ob jemand dir das Pony vorreiten kann. Von unten sieht alles anders aus, als wenn man selbst im Sattel sitzt. Der Züchter holt seine Tochter. Sie ist mit dem Pony am besten vertraut. Wenn sie es vorreitet, bekommst du einen Eindruck davon, wie es unter dem Sattel geht.

Sie reitet es in allen drei Grundgangarten auf dem Reitplatz vor. Dann reitet sie ein Stück vom Hofplatz weg, um zu zeigen, dass das Pony nicht am Stall «klebt», sondern dass man mit ihm auch allein problemlos ins Gelände reiten kann.

Nun bist du an der Reihe: Du sitzt auf und gibst dir die größte Mühe, deine Nervosität zu verbergen. Dem Verkäufer und deinen Leuten kannst du vielleicht etwas vormachen. Dem Pony aber nicht. Für nichts hat es ein besseres Gespür als für deine Unsicherheit. Deshalb geht es unter dir auch längst nicht so gut wie unter der Tochter des Züchters. Es schlägt mit dem Kopf und drängelt immer ein bisschen in die Mitte der Bahn.

Du probierst nicht allzu lange aus. Du

weißt auch so, was du willst: dieses Pony. Und kein anderes.
Dein Vater und der Verkäufer stehen jetzt etwas abseits. Handeln, hat dein Großvater gesagt, gehört beim Pferdekauf immer dazu. Zumindest ein bisschen, um einen kleinen Betrag. «Fürs Glück», sagt dein Großvater, der dir zunickt und das Pony in Ordnung findet. Handschlag! Dein Vater schlägt in die Hand des Züchters, der Züchter schlägt in die Hand deines Vaters ein. Der Kaufvertrag ist geschlossen. Im Vieh- und Pferdehandel gilt auch nach heutigem Recht der Handschlag genauso wie eine Unterschrift.
Dein Vater hat zur Bedingung gemacht, dass ein Tierarzt das Pony noch einmal ansehen soll. Später erzählt er, dass er den Preis um zweihundert Mark heruntergehandelt hat. Er ist ziemlich stolz ...

Zubehör

In den Reitsportläden wird für Pferd und Reiter unendlich viel Zubehör angeboten: Spezialsocken für Reitstiefel, Spezialshampoo für den Pferdeschweif, sogar ein Spezialbad für den ermüdeten Reiter. Das alles kostet viel Geld. Doch zum Glück brauchst du alle diese Dinge nicht.

Was du für dein Pony unbedingt brauchst

Einen Markensattel
Es gibt sehr viele unterschiedliche Sättel in fast allen Preislagen. Wenn du allerdings einen billigen Importsattel kaufst, sparst du am falschen Ende, weil diese

schnell und billig hergestellten Sättel selten lange halten. Außerdem sitzen sie oft schlecht auf dem Pferd. Ein guter Sattel kann dagegen bei guter Pflege ein halbes Reiterleben lang halten.
Die besten Sättel werden in England und Deutschland hergestellt. Ein gutes Fachgeschäft kommt mit einer Auswahl von Sätteln zur Anprobe in deinen Stall. Jeder Sattel sitzt nämlich auf jedem Pferd unterschiedlich. Und auch du sitzt nicht auf jedem Sattel gleich gut oder gleich gern.
Preis für einen kompletten Markensattel: etwa 1800 bis 2500 DM. Einen gut erhaltenen gebrauchten Sattel bekommst du für etwa 600 bis 1000 DM.

Eine Trense
Für die Qualität der Trense gilt das Gleiche. Du solltest als Trensengebiss eine einfach oder doppelt gebrochene Wasser-

trense benutzen. Das Gebissstück darf nicht zu dünn sein. Je dünner ein Trensengebiss ist, desto schärfer ist seine Wirkung. Je schärfer es wirkt, desto leichter fügst du dem empfindlichen Ponymaul Schmerz zu.
Preis für Trense und Gebissstück: 100 bis 180 DM.

Putzzeug
Du brauchst einen harten Eisen- oder Plastikstriegel, eine Kardätsche, eine harte Wurzelbürste, einen Mähnenkamm, ein weiches Wolltuch für den letzten Glanz, einen Hufauskratzer, eine nicht zu harte Bürste zum Waschen der Hufe, einen kleinen Eimer Huffett und Hufteer.
Preis für das komplette Putzzeug: etwa 50 DM.

Was du selbst brauchst

Eine einfache Reithose mit Knielederbesatz (etwa 150 DM).

Ein Paar knöchelhohe Turnschuhe (etwa 120 DM).

Eine Reitkappe mit Stahleinlage, die deinen Kopf bei einem Sturz schützt (etwa 60 DM).

Eine kurze Reitgerte, etwa 80 cm lang (etwa 15 DM).

Ein guter Reiter benutzt sie nur, um Hilfen zu geben, nie zum Schlagen!

Das ideale Pony von Kopf bis Huf

Rücken und Hinterhand

Rücken

Er sollte weder sehr lang noch sehr kurz sein. Entscheidender als die tatsächliche Länge des Rückens ist die Oberlinie. Sie sollte sanft geschwungen sein mit einer sehr leichten Vertiefung in der Mitte. Ein strammer, fester oder gar nach oben gewölbter Rücken (der so genannte Karpfenrücken) ist schlechter als ein leicht durchhängender Senkrücken. Ponys mit einem Karpfenrücken sind meistens steif und unelastisch. Unter dem Sattel gehen sie mit angespannter Rückenmuskulatur. Ein solches verkrampftes Pony verschafft seinem Reiter ein sehr unangenehmes

Sitzgefühl. Und fühlt sich selbst beim Reiten natürlich auch nicht wohl.

Hinterhand

Sie ist viel kräftiger und stabiler als die Vorhand des Ponys. Ein gut ausgebildetes Reitpony hat gelernt, den größeren Teil seines Gewichts (und auch des Reitergewichts) mit den Hinterbeinen zu tragen. Die Vorderbeine verschleißen dann nicht so schnell. Durch eine gute Reitausbildung kann man also das Pony länger gesund erhalten.

Hüft-, Knie-, Sprunggelenk

Sie bilden die drei großen Gelenke der Hinterhand. Durch das Zusammenwirken dieser drei kräftigen Gelenke kann das Pony in der Hinterhand enorme

Schub- und Beschleunigungskraft entwickeln. In der Hinterhand sitzt der Motor des Ponys.
Die Hinterhand sollte gut gewinkelt sein. Ein gerades und «steiles» Hinterbein ist problematisch. Denn es erschwert dem Pony, nach vorn unter den eigenen Schwerpunkt zu treten. Nur so kann es nämlich sein und das Gewicht des Reiters mit den Hinterbeinen abfangen und tragen.
Und so ist das Pony-Hinterbein im Idealfall gewinkelt: Hüftgelenk 100°, Kniegelenk 140°, Sprunggelenk 150°.

Schweif

Er sollte möglichst dick und voll sein. Aus diesem Grunde darfst du den Schweif deines Ponys auch niemals kämmen oder bürsten. Er muss mit der Hand «verlesen» werden – Haar für Haar. Ein schöner voller Schweif ist immer ein Zeichen für ein gepflegtes Pony.

Tierarzt

Zwei Tage nach dem Handschlag

Die Stunde der Entscheidung: Es herrscht absolute Stille im Stall. Gerade hat der Doktor sich sein Stethoskop in die Ohren gestöpselt. Er beginnt damit, Herz und Lunge abzuhören. Du hältst das Pony am Halfter fest, hast Bauchschmerzen, und dir ist fast schlecht. Nicht so das Pony: Es bleibt so gelassen und ruhig wie immer.

Herzschlag

Das beweist sein ruhiger und regelmäßiger Herzschlag. Fünfundvierzigmal in jeder Minute schlägt sein Herz. Wenn es atmet, kann der Tierarzt keine Nebengeräusche in der Lunge oder den Bronchien hören. Auch die Atmung des Ponys geht ruhig: Zwölfmal in der Minute holt es Luft.

Augenuntersuchung

Der Tierarzt bittet dich, das Stalllicht auszuschalten. Er will dem Pony in die Augen sehen. Dafür muss es möglichst dunkel sein. Du musst jetzt den Kopf des Ponys ganz fest halten, damit es ihn nicht bewegt. Und der Tierarzt leuchtet ihm mit einer kleinen, schmalen Lampe zuerst ins rechte, dann ins linke Auge.

«Keine Veränderungen im Augenhintergrund», sagt er. Du hältst diese Augenuntersuchung vielleicht für übertrieben. Aber sie ist wichtig. Nur so kann der Tierarzt feststellen, ob das Pony «Periodische Augenentzündung» hat. Die Periodische Augenentzündung gehört zu den Gewährsmängeln bei Pferden. Man nennt diese Krankheit auch Mondblindheit. Diese Augenentzündung kommt und geht in immer heftiger werdenden Schüben, sie führt schließlich zur Blindheit.

Gewährsmängel

Es gibt insgesamt sechs Gewährsmängel: Das sind Fehler oder Krankheiten, bei denen der Verkäufer das Pony innerhalb von vierzehn Tagen zurücknehmen und den Kaufpreis erstatten muss. Er kann sich nicht darum herumdrücken. Die Gewähr auf diese Mängel ist in Deutschland geltendes Recht.

Zu den Gewährsmängeln gehört auch das Koppen: keine Krankheit, sondern eine sehr unangenehme Angewohnheit. Ein koppendes Pony spannt seine Schlundmuskeln an und schluckt Luft. Dabei entsteht ein rülpsendes Geräusch. Ponys beginnen aus Langeweile zu koppen. Haben sie erst einmal damit angefangen, wird dieses Koppen eine Art Sucht. Sie können einfach nicht mehr damit aufhören. Manche Ponys setzen beim Koppen ihre Zähne auf die Futterkrippe, den Rand der Tränke oder die Boxenwand. Der Tierarzt kann an den abgeschliffenen oberen Schneidezähnen sehen, ob das Pony ein Kopper ist.

Pony im Trab und Galopp

Nun darf das Licht im Stall wieder angemacht werden. Der Tierarzt sieht dem Pony ins Maul. «Jünger als zehn Jahre?», fragt er dich. Er kann das Zahnalter nämlich nur ungefähr schätzen. Das ist, vor allem bei Pferden, die keine Milchzähne mehr haben, eine Wissenschaft für sich.

Viele Pferdehändler kennen sich darin besser aus als die meisten Tierärzte.
Der Tierarzt bittet dich nun, eine Longe zu holen. Er will das Pony draußen in al-

len drei Gangarten sehen. Nur wenn der Untergrund eben und hart ist, kann er genau sehen, ob das Pony auf einem Bein vielleicht vorsichtig auftritt oder gar lahmt. Du führst es auf der Straße im Schritt und im Trab auf und ab. Dann sollst du es longieren: im flotten Trab und

im fleißigen Galopp. Zehn Minuten rechts- und zehn Minuten linksherum. Das Pony soll sich jetzt etwas anstrengen. Danach will der Tierarzt Herz und Lunge abhören und noch einmal prüfen.
Die Werte sind in Ordnung: Es atmet siebzigmal in einer Minute, und genauso oft schlägt auch das Herz. Zwanzig Minuten später will der Tierarzt das Pony ein letztes Mal abhören und überprüfen, ob Puls und Atmung wieder zur Ruhe gekommen sind.
So lange, sagt der Verkäufer, dürft ihr ins Haus kommen. Es gibt Kaffee und Brause und Eis.

Hufe und Fell

Bevor du das Pony in seine Box zurückbringst, sieht der Tierarzt noch einmal sehr aufmerksam seine Hufe an. Er ist zufrieden: Die Hufwand ist glatt und zeigt keine Rillen oder Vertiefungen. Er kann also ausschließen, dass dieses Pony im letzten Jahr Hufrehe gehabt hat. So nennt man die typische Ponylahmheit. Ursache ist meistens Überfütterung. Die Hufrehe ist sehr schmerzhaft. Und vor allem: Ein Pony, das einmal Rehe gehabt hat, erkrankt oft wieder daran.

«Vorsicht», warnt dich der Tierarzt. «Das Pony ist etwas zu dick. Allzu viel Futter bekommt ihm nicht. Das nächste Vierteljahr lang: eine Hand voll Hafer am Tag und viel Bewegung!»

Zuletzt kontrolliert er noch einmal das Fell: keine kahlen Stellen. Die Mähne ist voll und dicht, der Schweif an keiner Stelle abgescheuert. Das ist wichtig: denn manche Ponys leiden unter Sommerräude. Das ist ein jährlich in der warmen Jahreszeit wiederkehrendes stark juckendes Ekzem. Ponys, die darunter leiden, können bei sonnigem Wetter nur kurz auf die Weide gelassen werden. Oft scheuern sie sich Mähne und Schweif ab. Leider gibt es bis heute noch kein zuverlässiges Heilmittel.

Die Untersuchung ist fast abgeschlossen. Du atmest erleichtert auf. Auch der Tierarzt ist zufrieden: «Und jetzt ein schönes kühles Alsterwasser», sagt er.

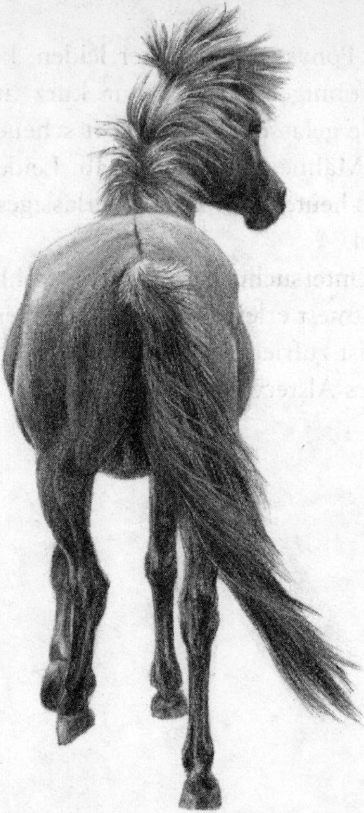

Der Stall

Leider habt ihr bei euch zu Hause keinen Stall. Du hättest das Pony am liebsten in eurer Garage hinter dem Haus untergebracht. Natürlich ist dein Vater strikt dagegen. Auf keinen Fall, so meint er, darf das Auto draußen im Freien stehen.
Auch dein Großvater ist gegen die Garage als Ponystall. Nicht wegen eures Autos; Autos sind ihm ziemlich egal. Er sagt: «Die Garage ist kein guter Ponystall: erstens zu dunkel, zweitens zu niedrig, die Luft ist schlecht. Und drittens fühlt sich das Pony in der Garage einsam. Es braucht Pferdegesellschaft, wenn es sich wirklich wohl fühlen soll.»

Pensionsstall

Also habt ihr euch auf die Suche nach einem Pensionsstall gemacht. Dein Großvater rät, den Pferden und Ponys sollten auf jeden Fall mehrere große Weiden zur Verfügung stehen.
«Warum mehrere Weiden?», willst du wissen.
Dein Großvater erklärt, dass Pferde und Ponys das Grasland ruinieren, wenn sie längere Zeit ständig darauf weiden. Gras ist nicht gleich Gras. Und alle Pferde und Ponys sind sehr wählerisch. Sie fressen nur bestimmte Sorten von Gras. An bestimmten Stellen der Koppel fressen sie das Gras so kurz, dass sie fast die Wurzeln mit herausreißen, an anderen wieder lassen sie es lang wachsen und setzen dort allenfalls ihren Mist ab. Gräser, die Ponys nicht mögen, blühen und säen sich aus und nehmen schließlich überhand.

Dem kann man am besten entgegenwirken durch abwechselndes Beweiden von Pferden und Rindern. Rinder mögen nämlich oft genau jene Gräser, die von Pferden verschmäht werden.

Beim Bauern

Dein Großvater kennt einen Bauern im Nachbarort. Er hat die Milchwirtschaft aufgegeben und nur Kälber und Jungrinder behalten. Den Kuhstall hat er in einen Pferdestall umgebaut. Die einzelnen Boxen sind drei Meter fünfzig mal drei Meter fünfzig groß. Der Stall ist hell und sehr hoch. Und im Winter? Wird es dort lausig kalt sein?
«Das ist sogar gut», sagt dein Großvater. Ein allzu warmer Pferdestall ist nämlich ungesund. Kälte schadet deinem Pony überhaupt nicht. Das Einzige, was es

Das Sommerfell ist fein, glänzend und glatt.

überhaupt nicht verträgt, ist zugige Luft. Im Stall haben zehn Pferde oder Ponys Platz. Fünf Hektar Grasland liegen direkt am Stall. Der Bauer hat sie mit gut sichtbarer breiter weißer Elektrolitze einge-

Das dicke Winterfell trotzt Wind und Wetter.

zäunt. Wie alle Pferde ist auch dein Pony äußerst empfindlich gegen die Berührung mit diesem elektrisch geladenen Draht. Wie alle Ponys hat es ein sehr gutes Gedächtnis. Wenn es einmal einen leichten

Schlag bekommen hat, wird es in Zukunft unbedingt vermeiden, mit dem Weidedraht in Berührung zu kommen.

Robusthaltung

Wenige Kilometer entfernt gibt es noch einen anderen Ponystall. Acht Ponybesitzer haben dort ihre Ponys gemeinsam untergebracht. Sie meinen, dass «Robusthaltung» die bestmögliche Ponyhaltung ist. Robusthaltung heißt: Die Ponys sind sommers wie winters draußen. Allerdings: Vor allzu brennender Sonne oder ungemütlichem Wetter können sie in einem Offenstall Schutz suchen. Das ist sicher die natürlichste Haltung. Die Ponys haben immer Gesellschaft und Bewegung und fühlen sich darum wohl. Im Winter wächst ihnen ein ungeheuer dickes Fell. Sie sehen in diesem Pelz wie Teddybären aus. Allerdings dürfen sie dann nur noch sehr schonend geritten werden, damit sie nicht ins Schwitzen geraten. Ist der Teddypelz erst einmal nass, dauert es Stunden, bis er wieder trocken wird. Ein nass geschwitztes Pony erkältet sich sehr leicht.

Dein Großvater behauptet: «Diese Robusthaltung verträgt sich nicht mit deinem stundenlangen Putzen und Betüteln.» Stimmt: Beim Putzen zerstörst du die Schicht aus Talg und Staub auf der Haut deines Ponys. Aber gerade sie schützt vor Regen und Wetter. Deshalb sollte ein Pferd, das ausschließlich draußen lebt, nie so viel geputzt werden. Für welche Ponyhaltung entscheidest du dich?

Niemals einen Feldwebel!

Reitschulen und Reitlehrer sind in Deutschland ein Kapitel für sich: leider ein ziemlich schwarzes.

Brüllen verboten!

Reitschulen haben eine militärische Tradition. Zwar gibt es seit Ende des Zweiten Weltkrieges bei uns keine berittenen Soldaten mehr. (Reiten ist reine Freizeitbeschäftigung geworden.) In vielen deutschen Reitschulen herrscht trotzdem noch immer ein rüder, harter Ton.
Viele Leute sehen Pferde als die edelsten aller Haustiere an. Sie rühmen ihre Empfindsamkeit. Das steht im krassen Wider-

spruch zur Wirklichkeit beim Reitunterricht. Da wird oft gebrüllt, geschimpft, böse kommandiert. «Hacken runter, du Idiot! Gerade sitzen, du Mehlsack!»
Viele Erwachsene meinen offenbar, das müsse so sein. Sie behaupten, es schade den Kindern nicht, im Reitunterricht «mal richtig angepackt zu werden».
Aber wie sollst du dich aufs Lernen konzentrieren, wenn du dauernd angebrüllt und beleidigt wirst?

Niemals einen Feldwebel!

Brüllen und kommandieren vielleicht gerade die Reitlehrer am lautesten, die sich bloß vor den Fragen ihrer Schüler fürchten? Etwas zu erklären ist immer schwieriger, als brüllend Fehler zu tadeln.
Bist du an einen solchen «Feldwebel» geraten, gibt es nur eins: Such dir schnell

einen anderen Reitlehrer! Einen, der Geduld hat und sich Zeit nimmt. Es gibt inzwischen auch viele Frauen in diesem Beruf. Die machen hoffentlich dem Gebrüll und dem militärischen Getue ein Ende. Ein Reitlehrer sollte Ponys *und* Kinder mögen. Er sollte zwar kritisch sein, aber vor allem eins können: loben!

Wie sieht dein Pony eigentlich?

Wenn man jemanden sehr mag, möchte man ihm hin und wieder tief in die Augen sehen. Deinem Pony kannst du nie in beide Augen zugleich sehen. Du musst dich für das rechte oder linke entscheiden.

Blickwinkel

Das liegt an der Anordnung seiner Augen im Gesicht. Sie liegen nicht vorn, sondern seitlich. Dadurch hat das Pony einen völlig anderen Blickwinkel als du.
Das rechte Auge sieht etwas anderes als das linke. Dein Pony kann mit einem einzigen Blick zugleich nach vorn und nach

hinten sehen. Nur das, was sich direkt vor seiner Stirn oder direkt hinter ihm befindet, sieht es nicht.

Dein Pony hat also einen größeren Überblick als du. Allerdings sieht es alles nicht besonders scharf. Räumliches, dreidimensionales Sehen fällt ihm schwer. Deshalb kann es mit dem bloßen Auge nur schwer Entfernungen abschätzen. Wäre es ein Mensch, müsste es trotz seines Rundumblicks eine Brille tragen.

Nachts sieht dein Pony dafür doppelt so gut wie du. Das hat zwei Gründe: Erstens liegt das an seiner ovalen Pupille. Sie kann sich bei schwachem Licht extrem weit öffnen. Dadurch fällt mehr Licht auf die Netzhaut.

Zweitens ist eine ganz besondere Leuchtschicht hinter der Netzhaut des Ponyauges. Sie wirkt wie ein Spiegel und spiegelt jeden ins Auge einfallenden Lichtstrahl.

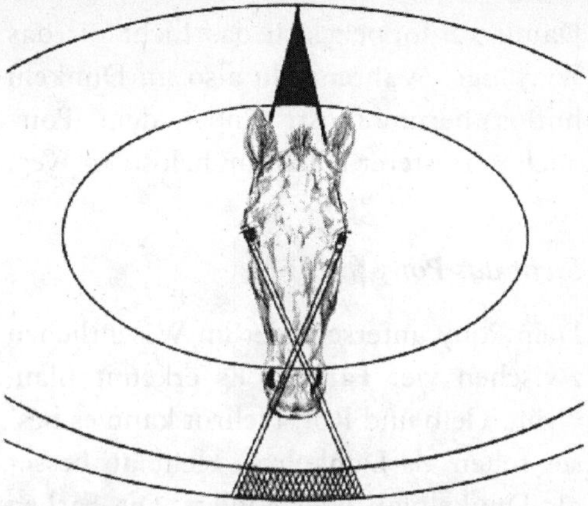

Dein Pony hat einen ganz anderen Blickwinkel als du. Ohne seinen Kopf zu wenden, kann es gleichzeitig nach vorn, zur Seite und zurück schauen. Es sieht also auf einen Blick wesentlich mehr als du, und daher ist es auch nicht verwunderlich, wenn es sich leichter erschrickt. Nur direkt vor seiner Stirn und direkt hinter sich hat es jeweils einen blinden Fleck.

Damit verdoppelt sich das Licht für das Ponyauge. Während du also im Dunkeln hilflos herumtappst, findet dein Pony auch in finsterer Nacht mühelos den Weg.

Sieht das Pony farbig?

Dein Pony unterscheidet im Wesentlichen zwischen vier Farben: Es erkennt Blau, Grün, Gelb und Rot. Hellrot kann es besser sehen als Dunkelrot, Hellblau besser als Dunkelblau oder Violett. Die Farben Gelb und Grün nimmt es am allerbesten wahr. Vielleicht, weil das die Farben seiner natürlichen Umgebung sind. Die Farbe Rot hat auf viele Tiere eine ganz besondere Wirkung. Auch auf dein Pony. Rot wirkt beunruhigend und regt auf. Vor roten Gegenständen scheut dein Pony besonders leicht.
Noch eine Besonderheit: Auf der Weide

schließen Ponys derselben Fellfarbe oft besonders enge Freundschaften. Ein Fuchs sucht sich zum Beispiel mit Vorliebe einen Fuchs, ein Rappe einen Rappen, ein Schecke einen Schecken zum Freund. Woher dein Pony diese Ahnung hat, wie es selbst aussieht, weiß niemand. Führst du es vor den Reithallenspiegel, erkennt es im Spiegelbild ein anderes Pony und betrachtet es neugierig, versucht es zu beschnuppern. Aber bald verliert es an diesem total geruchlosen Wesen das Interesse. Es weiß nicht, dass es sich selbst gerade im Spiegel gesehen hat. Es weiß auch nicht, wer es selber ist. Den Begriff «Ich» kennt nur der Mensch.

Wie hört dein Pony?

Dein Pony hört sehr viel besser als du. Seine Ohren sind sehr viel empfindlicher als deine. Alle Geräusche erscheinen ihm deutlich lauter als dir. Es hört sogar Geräusche, die du überhaupt nicht wahrnimmst. So kann passieren, dass es sich vor dem leisen Piepen einer Maus am Wegrand erschreckt. Vielleicht springt es zur Seite. Und du kannst dir gar nicht erklären, wovor es scheut.

Bewegliche Ohrmuscheln

Die Ohrmuscheln deines Ponys sind besonders beweglich und in fast alle Richtungen zu wenden. Es kann mit dem rechten Ohr nach vorn, gleichzeitig mit dem linken nach hinten lauschen. Und es kann beide Ohren gleichzeitig auf dasselbe Geräusch ausrichten, also dreidimensional hören. Dieses Hörerlebnis kann man als Mensch nur schwer nachvollziehen. Durch das räumliche Hören kann dein Pony ziemlich genau Ort und Entfernung einer Geräuschquelle bestimmen. Dieses fein entwickelte Gehör macht blinde Pferde zum Beispiel weniger hilflos als blinde Menschen.

Gemütsanzeiger

Die Stellung der Ohren gibt Auskunft über den Gemütszustand deines Ponys. Nach hinten angelegte Ohren sind Zeichen für Aggressivität. Nach vorn ausgerichtete Ohren zeigen, dass es dir freundlich gesinnt ist. Ob dein Pony dir zuhört, wenn du beim Reiten oder Longieren mit ihm sprichst, kannst du also an der Stellung seiner Ohren ablesen. Mit deiner Stimme hast du großen Einfluss: Sie kann beruhigen, aufmuntern oder bestrafen. Laute, schrille Geräusche, hohe, aufgeregte Stimmen, Schreien sind dem Pony unangenehm. Rufst du ihm laut etwas direkt ins Ohr, so ist das geradezu schmerzhaft.

Warme Stimmen mag das Pony

Eine dunkle, warme Stimme mit singendem Tonfall empfindet dein Pony als angenehm. Dunkle, lang gezogene Vokale wie ö, o, u, a wirken beruhigend. Wenn du mit deinem Pony redest, kommt es nicht darauf an, was du zu ihm sagst. Wichtig ist die Sprachmelodie deiner Worte. «Sooo ist brraaaav!» Das versteht dein Pony sehr gut.

Fast alle Ponys sind musikalisch. Sie mögen am liebsten Tanzmusik. Ob klassische oder Popmusik, ist den meisten wahrscheinlich egal. Viele Ponys lassen sich von Musik geradezu beflügeln. Sie werden eifriger und passen ihre Tritte dem Rhythmus der Musik an. Manche Ponys machen vor lauter Lebensfreude kräftige Bocksprünge, wenn irgendwo Musik ertönt.

Was riecht dein Pony?

Auch mit dem Geruchssinn ist dein Pony dir überlegen. Es riecht alles intensiver und unterscheidet sehr viel mehr Gerüche als du. Seine empfindliche Nase nimmt selbst schwächste Duftstoffe noch wahr.

Niemals Schwein!

Bestimmte Gerüche sind für Ponys und Pferde unzumutbar: etwa der Geruch von Schweinen. Einen Pferdetransporter, in dem einmal Schweine gefahren wurden, kannst du noch so gründlich reinigen: Dein Pony riecht die Schweine doch. Es wird sich wahrscheinlich weigern, den Transporter zu betreten.

Ähnlich abschreckende Wirkung hat der Geruch von Blut. Sogar in allergeringster Konzentration. Blutgeruch löst Unbehagen aus, vielleicht sogar große Ängste.

Flehmen

Eine seltsame Reaktion auf starke, überraschende Gerüche ist das Flehmen der Hengste. Ein flehmender Hengst hebt den Kopf und schürzt seine bewegliche Oberlippe.

Das Flehmen darf man nicht mit dem Gähnen verwechseln. Ein flehmender Hengst ist nämlich alles andere als müde. Er hat den Duft einer rossigen Stute in der Nase. Wenn er dasteht und seine Nüstern rümpft, sieht es so aus, als würde er lachen. Er kann aber nicht lachen. Sonst würde er es beim angenehmen Duft der rossigen Stute vielleicht tun ...

Freundschaften

Es gibt sehr enge Freundschaften zwischen Ponys. Alle Pferde sind von Natur aus Herdentiere und für das Leben in Gesellschaft ihrer Artgenossen geboren. Sie brauchen die Gesellschaft ihresgleichen genauso dringend wie die täglichen Futter- und Wasserrationen.

Befreundete Ponys können sehr zärtlich miteinander sein. Stundenlang beknabbern sie sich gegenseitig das Fell, kennen genau die Stellen, an denen Freund oder Freundin am liebsten gekrault werden mag. Meistens ist das in der Gegend des Genicks, am Mähnenkamm oder am Widerrist.

Alleinsein ist grausam

Das Grausamste, was man einem Pony antun kann: es völlig allein zu halten. Als Ersatz für andere Ponys nimmt es notfalls auch mit der Gesellschaft einer Ziege vorlieb. Hat es indessen gar keine Gesellschaft im Stall und auf der Weide, so lebt es ein Leben völlig gegen seine Natur. Tiere aber, deren Lebensbedingungen unnatürlich sind, entwickeln ein gestörtes Verhalten. Einsame Ponys fangen zum Beispiel an zu weben. Das heißt, sie pendeln in immer demselben eintönigen Auf und Ab stundenlang mit Kopf, Hals und Rumpf an ihrer Boxentür hin und her.

Weben

Weben ist, ähnlich wie das Koppen, viel mehr als eine schlechte Angewohnheit.

Ein Pony, das einmal zu weben begonnen hat, bleibt zeit seines Lebens ein Weber. Der Anblick eines webenden Pferdes ist sehr traurig. (Sieht man eine Weile lang zu, so wird man selbst ganz traurig und niedergeschlagen.) Einzig wirksames Gegenmittel: die Gesellschaft anderer Ponys und viel abwechslungsreiche Beschäftigung.

Die gesellige Natur deines Ponys hat auch viel Gutes. Du kannst eine sehr enge und persönliche Beziehung zu deinem Pony aufbauen. Freundschaften gibt es nämlich nicht nur unter Ponys. Sie sind auch möglich zwischen Pony und Kind. Allerdings sind das besondere Freundschaften, und die brauchen Zeit.

Wiehern vor Glück

Nach einer gewissen Zeit wird dein Pony vielleicht freudig wiehern, wenn es im Stall deine Stimme hört. Es wird sich von niemandem so gern reiten lassen wie von dir. Stehst du am Weidetor und rufst, so kommt es vielleicht angaloppiert. Und nach langer gemeinsamer Zeit, mindestens ein paar Jahren, hast du manchmal beim Reiten das Gefühl, dein Pony könne Gedanken lesen: Du denkst ans Galoppieren und schon galoppiert dein Pony von allein an.
Gewohnheit oder Freundschaft? Vermutlich von beidem ein bisschen. Dein Pony wird dir allerdings nie so sehnsüchtig, so lautstark hinterherwiehern wie etwa seinem Weidefreund. Es wird nach dir wohl auch nie ein so starkes Heimweh haben wie du nach ihm. Wenn ein anderes Kind

es genauso liebevoll versorgt wie du, wird es nicht unzufriedener sein. Das bedeutet nicht, dass es treulos wäre. Sein Gedächtnis ist sogar sehr gut.

Die treuen Ponys

Es gibt wahre, sehr rührende Geschichten darüber:
Ein dänischer Junge hatte ein besonders gutes Verhältnis zu seinem Großvater. Der Großvater besaß zwei Fjordponys, die ihm in der Landwirtschaft halfen. Der Junge beschäftigte sich viel und gern mit den Ponys. Immer, wenn er seinen Großvater besuchte, war er die meiste Zeit im Pferdestall. Dann starb der Großvater. Der Hof wurde verkauft und mit ihm die Ponys. Der Junge war so traurig, dass er den Hof fortan mied. Zwölf Jahre später, der Junge war inzwischen zwanzig Jahre,

kam er zufällig ins Dorf seines Großvaters und beschloss, noch einmal zum Hof zu gehen. Der Kuhstall sah leer aus, die Maschinen waren verrostet. Auf der Hauskoppel grasten zwei steifbeinige, steinalte Fjordponys. Er erkannte sie sofort.

Er rief ihre Namen im selben Tonfall, in dem er sie als Kind immer gerufen hatte. Augenblicklich hoben beide Ponygreise ihre Köpfe. Sie entdeckten den jungen Mann am Koppeltor. Und wie damals galoppierten sie, nur etwas steifer und schwerfälliger, ohne einen Augenblick zu zögern, auf ihn zu.

Angst

Dein Pony hat keine Feinde. Es braucht nicht, wie seine wilden Vorfahren, ums Überleben zu kämpfen. Es wird täglich und regelmäßig mit allem, was es braucht, versorgt. Niemand will ihm übel.
Und trotzdem ist es ein ängstliches Tier. Es fürchtet sich vor vielen harmlosen Dingen: Alles Unbekannte kommt ihm unheimlich vor. Auch Alltägliches lässt es erschrecken: ein Blatt, das vom Baum weht, eine spiegelnde Pfütze auf dem Weg, eine flatternde Plastikplane im Wind. Manche Ponys fürchten sich sogar vor dem eigenen Schatten.

Ponys sind Fluchttiere

Diese Angst hat das Pony von seinen wild lebenden Urahnen geerbt. Sie steckt in ihm, ohne dass es jemals schlechte Erfahrungen gemacht hätte. Seinen Urahnen hat diese schreckhafte Aufmerksamkeit oft das Leben gerettet. Sie waren Fluchttiere. Bei drohender Gefahr kämpften sie nicht, sondern liefen um ihr Leben. Da war es gut, wachsam zu sein und einen guten Vorsprung zu haben.
Aber nicht nur Ponys sind ängstlich. Auch fast alle Reiter kennen Angst. Es gibt natürlich Reiter, die das niemals zugeben würden. Wahrscheinlich nur deshalb, weil sie Angst haben, die anderen würden sie dann für feige halten.
In keiner anderen Partnerschaft sind Mensch und Tier einander so auf Gedeih und Verderb ausgeliefert wie Reiter und

Pferd. Da ist es ganz natürlich, wenn beiden mitunter etwas mulmig wird. Vor allem dann, wenn man den Partner noch nicht so genau kennt. Man weiß dann nie sicher, wie der andere in brenzligen Situationen reagieren wird. Dadurch fühlt man sich gefährdet.

Weil das Pony das Gefühl der Angst selber kennt, hat es ein ungewöhnlich fein entwickeltes Gespür für die Angst eines Reiters. Ein ängstlicher Reiter macht das Pony noch ängstlicher. Einem besonders ängstlichen Reiter fühlt sich das Pony überlegen und gehorcht ihm nicht mehr.

Das A und O: Vertrauen

Das A und O für eine schöne Partnerschaft zwischen deinem Pony und dir ist Vertrauen. Das beruht auf Gegenseitigkeit. Für dein Pony hat Vertrauen mit einer bestimmten Art von Gewöhnung und Regelmäßigkeit zu tun. Es empfindet es überhaupt nicht als langweilig, wenn sein Tagesablauf jeden Tag ungefähr derselbe ist. Im Gegenteil. In diesem Punkt unterscheidet ihr euch wahrscheinlich voneinander: Täglich derselbe Stundenplan mit immer denselben festen Zeiten für Essen, Ruhen, Arbeit und Spiel käme dir wahrscheinlich öde vor. Deinem Pony gibt Regelmäßigkeit das Gefühl innerer Sicherheit. Und die ist das beste Mittel gegen seine angeborene Angst.

Abschied

Ponys können sehr alt werden. Fünfundzwanzig Jahre sind keine Seltenheit. Eine lange Zeit merkt man dem Pony das Alter kaum an. Aber dann (und meistens sehr plötzlich) wird es mager und steif. Wenn es gelegen hat, kommt es nur sehr schwer wieder hoch. Schließlich legt es sich gar nicht mehr zum Schlafen hin. Es hat Angst, den schweren, steifen Körper nicht wieder auf die Beine zu bringen. Alle Knochen und Gelenke tun ihm weh.

Bevor das tägliche Leben für dein Pony zur Qual wird, sollte es durch einen schnellen, schmerzlosen Tod erlöst werden. Den richtigen Zeitpunkt dafür zu bestimmen ist eine schwere Entscheidung. Doch du wirst sie nicht allein treffen müssen. Der Tierarzt kann dein Pony einschläfern. Es gibt ein bestimmtes Mittel, das sehr schnell wirkt und dein Pony nicht lange leiden lässt. Es ist teurer als die langsamer wirkenden Mittel, aber das muss dir dein Pony in jedem Falle wert sein. Lasse es auf keinen Fall vom Pferdeschlachter abholen. Sei traurig über seinen Tod. Das bist du ihm schuldig. Viele Erwachsene haben Angst vor dem Gefühl der Trauer. Sie verdrängen sie lieber und halten Gemütskälte für Beherrschung. Doch der Umgang mit deinem Pony hat dich auch gelehrt, mit dem Gefühl der Angst fertig zu werden. Trauer gehört zum Leben. Trauer gehört zur Liebe. Ich hoffe, du hast dein Pony lieb gehabt ...

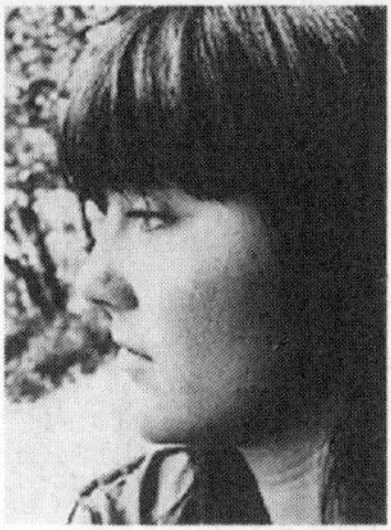

Sylvia Brandis, in Hamburg geboren, studierte 4 Semester Tiermedizin und begann dann zu schreiben: Prosa, Lyrik, Essays, auch journalistische Arbeiten für Zeitungen und Rundfunksender. Zusammen mit Wolfdietrich Schnurre arbeitete sie an einer Biographie über Fridtjof Nansen, machte Studienreisen nach Norwegen, Russland, Schottland, Italien. Weil sie seit ihrer Kindheit Pferde liebt, genau kennt und lange in Schleswig-Holstein mit Pferden als Reiterin und Züchterin Erfahrungen sammelte, schrieb sie die Erzählung «Español» (rotfuchs 656) und das rotfuchs Sachbuch über Ponys. Sylvia Brandis lebt heute mit ihrem Sohn Hauke in Südschweden. Er hat sie zu vielen Episoden aus dem Geschichtenband «Momme» (rotfuchs 688) angestiftet. Außerdem liegen von der Autorin Sylvia Brandis vor: «Mein Hamster» (Bd. 848), «Mein Huhn» (Bd. 745), «Mein Schwein» (Bd. 779), «Mein Pony» (Bd. 695).
«Mein Huhn» wurde nominiert für den Deutschen Jugendliteraturpreis 1996.

Katharina Lausche, 1959 geboren, von 1978–1980 Studium in Hamburg, Hochschule für Bildende Künste und Wahrnehmungs- und Lernpsychologie an der Universität. 1980 Naturstudien bei Professor Bauer und Professor Elfers; Buchgestaltung bei Professor Willberg in Mainz. Seit 1984 Sachbuchillustrationen, 1985 die erste Ausstellung in Frankfurt. 1991 zusammen mit Gert Haucke das Bilderbuch «Koschka» (Verlag an der Este). 1992 Troisdorfer Bilderbuchpreis.
Katharina Lausche illustrierte für rotfuchs in der Sachbuchreihe folgende Bände: «Meine Sittiche» (Bd. 828), «Mein Hamster» (Bd. 848), «Mein Schwein» (Bd. 779), «Mein Igel» (Bd. 732), «Mein Hund» (Bd. 696), «Mein Kaninchen» (Bd. 759), «Mein Bauernhof» (Bd. 812), «Mein Waschbär» (Bd. 742), «Meine Katze» (Bd. 697), «Mein Pony» (Bd. 695), «Mein Huhn» (Bd. 745). **«Mein Huhn» wurde nominiert für den Deutschen Jugendliteraturpreis 1996.**

ROTFUCHS – 25 JAHRE JUNG: DAS JUBILÄUM

25 rotfuchs Taschenbücher im Jubiläumsformat
Einmalige Ausgabe

Zum Vorlesen bis 6 Jahre

Heinrich Hannover, *Der bunte Hase*
Ellis Kaut, *Pumuckl und seine schönsten Streiche*
Markus Osterwalder, *Bobo Siebenschläfer im Zirkus*
Hanne Schüler, *Weißnäschen*

**Jux, Fantastisches und Bastelspaß
für Kinder ab 6 Jahre**

Rotraut Susanne Berner, *Die kleine Arche*
Rotraut Susanne Berner, *Himmlisches Geflatter*